essentials

Essentials liefern aktuelles Wissen in konzentrierter Form. Die Essenz dessen, worauf es als „State-of-the-Art" in der gegenwärtigen Fachdiskussion oder in der Praxis ankommt. Essentials informieren schnell, unkompliziert und verständlich.

- als Einführung in ein aktuelles Thema aus Ihrem Fachgebiet
- als Einstieg in ein für Sie noch unbekanntes Themenfeld
- als Einblick, um zum Thema mitreden zu können.

Die Bücher in elektronischer und gedruckter Form bringen das Expertenwissen von Springer-Fachautoren kompakt zur Darstellung. Sie sind besonders für die Nutzung als eBook auf Tablet-PCs, eBook-Readern und Smartphones geeignet.

Essentials: Wissensbausteine aus Wirtschaft und Gesellschaft, Medizin, Psychologie und Gesundheitsberufen, Technik und Naturwissenschaften. Von renommierten Autoren der Verlagsmarken Springer Gabler, Springer VS, Springer Medizin, Springer Spektrum, Springer Vieweg und Springer Psychologie.

Sandro Abbate

Unternehmenskultur fördern

Sieben Schritte zu einer dynamischen und motivierenden Wertevermittlung

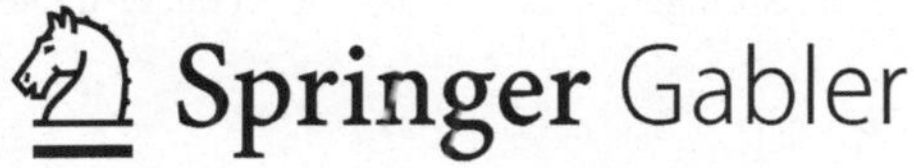

Sandro Abbate
Köln, Deutschland

ISSN 2197-6708
ISBN 978-3-658-06067-1   ISBN 978-3-658-06068-8 (eBook)
DOI 10.1007/978-3-658-06068-8

Die Deutsche Nationalbibliothek verzeichnet diese Publikation in der Deutschen Nationalbibliografie; detaillierte bibliografische Daten sind im Internet über http://dnb.d-nb.de abrufbar.

Springer Gabler ist eine Marke von Springer DE. Springer DE ist Teil der Fachverlagsgruppe Springer Science+Business Media
www.springer-gabler.de

Was Sie in diesem Essential finden können

- Die drei Arten von Unternehmenskultur erkennen
- Geld allein motiviert nicht
- Eigene Werte im Unternehmen herausarbeiten
- Die Mitarbeiter ernst nehmen
- Authentisch Werte vorleben
- Werkzeuge zur Werteverankerung
- Mit Widerständen umgehen

Inhaltsverzeichnis

Einleitung

Mit dem zurzeit in den Medien stattfindenden Diskurs um einen Wertewandel in der Arbeitswelt und den Eintritt der so genannten Generation Y ins Arbeitsleben kommt immer häufiger die Frage nach dem Sinn des Wirtschaftens und des Arbeitens auf. Unternehmen sehen sich zunehmend vor die Herausforderung gestellt, ihren Mitarbeitern etwas anderes als monetäre Anreize zu bieten, um sie zu binden und zu motivieren. Der demografische Wandel tut sein Übriges hinzu, wenn es darum geht, neue Fachkräfte zu finden.

Welchen Anreiz aber gibt man dieser neuen Generation von Arbeitnehmern? Wie gewinnt man den so oft beschworenen „War for talents"? Und wie motiviert man die eigenen Mitarbeiter so, dass Vorteile für beide Seiten entstehen?

Es scheint sich zu bestätigen, dass der vermeintlich weiche Faktor Unternehmenskultur einen nicht unwesentlichen Beitrag zum Unternehmenserfolg leistet. Zu diesem Ergebnis kommen auch zahlreiche Studien. Im Folgenden werden sieben Schritte vorgestellt, die Führungskräfte beim Aufbau bzw. bei der Förderung einer positiven Unternehmenskultur unterstützen sollen.

Die in den meisten Fällen auf den Internetpräsenzen von Unternehmen zu findenden Werte und Visionen sind einfach schön ausformulierte Sätze und absolut generisch. Der Kunde steht im Mittelpunkt, die Mitarbeiter sind das größte Kapital und das Unternehmen ist innovativ und steht für Qualität. Aber so schön das alles klingt: Das sind unternehmerische Grundvoraussetzungen und keine dem Unternehmen eigene Positionierung. Nichts, wonach man sich als Mitarbeiter oder als Führungskraft richten kann. Diese Werte haben keinerlei Einfluss auf die tatsächlich gelebte Kultur im Unternehmen.

Was sollte man aber nun kommunizieren – nach innen wie nach außen –, damit sich Mitarbeiter mit dem Unternehmen identifizieren können, damit eine gewisse Haltung gelebt wird? Die Antwort darauf kann nur sein: authentische Werte. Bevor man sich an die Formulierung einer Vision, von Führungsleitlinien oder Kommunikationsregeln begibt, sollte den Verantwortlichen im Unternehmen klar sein,

S. Abbate, *Unternehmenskultur fördern* essentials,
DOI 10.1007/978-3-658-06068-8_1, © Springer Fachmedien Wiesbaden 2014

wofür sie stehen und welche Position das Unternehmen einnimmt. Dazu müssen Werte und Erfolgstreiber herausgearbeitet und bewusst gemacht werden, um dann fest im Unternehmen verankert zu werden. Werte müssen in erster Linie verstanden und vorgelebt werden, um als Orientierung im Unternehmensalltag dienen zu können. Ist dies der Fall, kann jegliche Handlung im Unternehmen nach ihnen ausgerichtet werden. Vorausgesetzt sie ergeben für die jeweiligen Mitarbeiter auch einen Sinn.

Darum geht es in den nächsten Kapiteln. Das Analysieren und Bewusstmachen gemeinsamer Werte als Basis für eine starke Positionierung und eine positive und dynamische Unternehmenskultur.

Die drei Arten von Unternehmenskultur erkennen

2

Vereinfacht gesagt gibt es drei Formen von Unternehmenskultur: eine positive, eine negative und eine gleichgültige. Im ersten Moment mag man denken, dass der schlimmste Fall eine negative Unternehmenskultur sei. Doch im Gegensatz zur gleichgültigen Kultur sind sich die Mitarbeiter in einer negativen Unternehmenskultur gewisser Umstände bewusst und ihnen ist klar, dass ein gewisser Wandel von Nöten ist, um etwas zum Positiven zu verändern. Der Wille zur Veränderung ist also da und dieses Potenzial kann genutzt werden.

Wenn bereits der Punkt eingetreten ist, an dem im Unternehmen ein Klima der Gleichgültigkeit herrscht, Dienst nach Vorschrift in der Weise verrichtet wird, „wie man es immer schon getan hat" und keine Bereitschaft vorhanden ist, etwas am Status quo zu ändern, wird eine positive Beeinflussung der Unternehmenskultur schon schwieriger. Häufig ist unter Mitarbeitern gar die Meinung zu finden, dass alles gut sei, so wie es ist, dass man auch die letzten Jahre auf die jetzige Art gut zurechtgekommen sei und sich ohnehin nichts ändern ließe. Solche Unternehmen verlieren sich häufig in Selbstgefälligkeit und falscher Zufriedenheit. Man ruht sich auf dem aus, was man in der Vergangenheit erreicht hat. Innovationen werden immer weniger möglich bis einen der Wettbewerb schließlich überholt.

Beobachten Sie einmal das Klima in Ihrem Unternehmen. Ist es innovationsfreudig, offen und wissen die Mitarbeiter, wofür sie eigentlich Tag für Tag ins Büro kommen? Dann beglückwünsche ich Sie. Gibt es immer wieder Beschwerden, Konflikte, aber vielleicht auch Verbesserungsvorschläge innerhalb der Belegschaft? Oder aber wird nur das getan, was unbedingt nötig ist, um das Tagesgeschäft aufrecht zu erhalten und sehen die Mitarbeiter auch keinen Anlass dazu, daran etwas zu ändern?

S. Abbate, *Unternehmenskultur fördern,* essentials,
DOI 10.1007/978-3-658-06068-8_2, © Springer Fachmedien Wiesbaden 2014

Um die eigene Unternehmenskultur begreifen und bewerten zu können, braucht es an erster Stelle ein Verständnis von Kultur als solcher. Unternehmenskultur ist in vielfältige kulturelle Systeme eingebettet und somit ein recht komplexes Konstrukt aus Strukturen und Werten. Die Unternehmenskultur wird durch Individuen, Branchen und die Unternehmensführung geprägt.

Der amerikanische Mitbegründer der Organisationsentwicklung Edgar H. Schein unterscheidet drei Ebenen der Unternehmenskultur:

1. **Artefakte**

   Die Artefakte sind die sichtbare Ebene der Unternehmenskultur. Dies können Architektur, Büroeinrichtung, aber auch die Atmosphäre und das Verhalten der Mitarbeiter untereinander und gegenüber Kunden sein. Kultur ist auf dieser Ebene sehr klar und ruft unmittelbare emotionale Reaktionen hervor. Jedoch kann man durch Beobachtung der Artefakte allein nicht sagen, warum sich etwa Mitarbeiter auf diese oder jene Art und Weise verhalten. Um dies zu entschlüsseln, muss man mit den Insidern im Unternehmen sprechen und ihnen Fragen zum Beobachteten und Gespürten stellen.

2. **Öffentlich propagierte Werte**

   Auf dieser Ebene fragen Sie, warum in Unternehmen so gehandelt wird wie Sie es beobachtet haben und warum es gewisse Strukturen gibt. Hierbei sollten Sie sich keineswegs mit solch generischen Werten wie Kundenorientierung, Teamarbeit, Qualität etc. zufriedengeben, denn das sind unternehmerische Grundvoraussetzungen und machen ein Unternehmen und dessen Kultur nicht einzigartig. Häufig werden hier Widersprüche zwischen propagierten Werten und Artefakten zu Tage gefördert. Kurz, die Werte, nach denen man vorgibt zu handeln, werden im Unternehmen nicht gelebt. Das sichtbare Verhalten muss also von einer weiteren Ebene gesteuert werden, womit wir bei der dritten Ebene wären.

3. **Unausgesprochene gemeinsame Annahmen**

   Um ein tieferes Verständnis für die Unternehmenskultur zu erlangen, müssen Sie das Unternehmen historisch betrachten. Unternehmen wurden von einzelnen Personen oder kleinen Personengruppen gegründet, die dabei eine bestimmte Vision und gemeinsame Werte hatten. Im Normalfall haben die Gründerpersönlichkeiten wiederum Mitarbeiter mit ähnlichen Wertvorstellungen angezogen und eingestellt und so ist aus individuellen Werten ein erlerntes allgemeingültiges Wertesystem geworden. Annahmen wiederum sind unausgesprochener Konsens – Werte, die nicht ausdrücklich kommuniziert werden, aber spürbar vorhanden sind.

Diese Werte und Annahmen, die den Mitarbeitern gar nicht mehr bewusst sind, gilt es aufzuspüren. Sie sind der Kern der Unternehmerskultur.

In Kürze

1. Es gibt positive, negative und gleichgültige Unternehmenskulturen.
2. Der schlimmste Fall ist die Gleichgültigkeit.
3. Um Unternehmenskultur zu verstehen, muss man Unternehmen historisch betrachten.

Geld allein motiviert nicht 3

Fragt man danach, wie man Mitarbeiter am besten motivieren kann, ist wohl eine der häufigsten Antworten, dass dies am besten durch finanzielle Anreize, Gehaltserhöhungen, Prämien, Boni usw. zu bewerkstelligen sei. Aber ist dem tatsächlich so?

Vielleicht sollte man, bevor man nach der besten Art zu motivieren fragt, sich einmal das Wort Motivation genauer anschauen. Motivation leitet sich vom lateinischen Verb movere (bewegen) ab. Wenn man jemand motiviert, bewegt man also jemanden dazu etwas zu tun. Die Motivation (oder das Motiv) ist der Beweggrund für eine bestimmte Handlung. Hier werden intrinsische und extrinsische Motivation unterschieden. Die intrinsische Motivation beschreibt das Bestreben, etwas zu seiner selbst willen zu tun. Bei der extrinsischen Motivation erhofft man sich Belohnung oder möchte Bestrafungen vermeiden. Individuelle finanzielle Anreize als extrinsische Motivation haben den Nachteil, dass der Mitarbeiter im Grunde egoistisch handelt. Sie erschweren kooperatives Handeln, welches ja durchaus gewünscht ist in Unternehmen.

In einem Artikel im Harvard Business Manager war zu lesen, dass Geld sogar demotivieren kann. Einige Wissenschaftler seien der Auffassung, dass es eine natürliche Spannung zwischen extrinsischer und intrinsischer Motivation gebe. Demnach können finanzielle Belohnungen intrinsische Motive dämpfen oder gar verdrängen. Dies gelte insbesondere bei kreativen Tätigkeiten.

Was aber motiviert Ihre Mitarbeiter nun, wenn Geld es nicht tut?

Betrachten wir dazu einmal das Unternehmen als Gruppe von Menschen. Unternehmen haben eine bestimmte Motivation für ihr Wirtschaften. Eine Vision. Also ein intrinsischer Beweggrund. Zumindest ist das im besten Fall so. Denn auch hier kann nicht das Erwirtschaften von Profiten der vorrangige Unternehmenszweck sein. So wie ein Mensch Nahrung zum Überleben, aber auch zum Wachsen und zur Erhaltung seiner Gesundheit braucht, müssen Unternehmen Umsätze erwirtschaften, die ihre Stabilität sichern und ihr Weiterbestehen garantieren. Jedoch

S. Abbate, *Unternehmenskultur fördern*, essentials,   7
DOI 10.1007/978-3-658-06068-8_3, © Springer Fachmedien Wiesbaden 2014

würde kein Mensch sagen, dass der Sinn des Lebens, der menschlichen Existenz das Essen und Trinken sei. Genauso wenig kann also Gewinn der Sinn des Wirtschaftens sein, sondern lediglich Mittel zum Zweck. Das Geldverdienen ist eine Folge aus dem Unternehmenszweck.

In vielen Unternehmen ist den Mitarbeitern, häufig aber auch der Führung, der ursprüngliche Unternehmenszweck gar nicht mehr bewusst. In großen Aktiengesellschaften, in denen am Ende nur noch kurzfristige materielle Erfolge und der Shareholder Value zählen, rückt die Unternehmensvision noch mehr in den Hintergrund oder gerät gar ganz in Vergessenheit. Die Jagd nach immer schnelleren und höheren Gewinnen sperrt die Mitarbeiter ins Hamsterrad. Wenn wir wissen, wofür wir etwas tun und uns damit auch identifizieren können, dann tun wir dies auch gerne. Werte sind also der Schlüssel zu einer positiven Unternehmenskultur, wenn sie bewusst gemacht sind und geteilt werden. Shared Value statt Shareholder Value. Das Konzept des Shared Value beruht auf der Annahme, dass Unternehmen bei der Frage nach ihren Werten sowohl wirtschaftliche als auch gesellschaftliche Aspekte berücksichtigen sollten. Neben den wirtschaftlichen Wert, gehört also auch die Frage nach dem geschaffenen gesellschaftlichen Mehrwert zu unternehmerischen Überlegungen. Das heißt nicht, dass Unternehmen von nun an ausschließlich altruistisch handeln müssen. Das Streben nach Gewinn ist absolut legitim und notwendig. Es kann aber nicht einziger Antrieb eines Unternehmens sein. Das ist im Grunde nichts Neues. Allerdings ist diese Einstellung um die Jahrtausendwende durch Modelle wie Shareholder Value immer weniger berücksichtigt worden.

Die einfachste Frage, die Sie sich stellen können, um zu hinterfragen, ob Ihnen der gesellschaftliche Nutzen Ihres Unternehmens bewusst ist, wäre: „Was fehlte der Welt, wenn es Ihr Unternehmen morgen nicht mehr gäbe?".

In Kürze
1. Finanzielle Anreize sind keine guten Motivatoren.
2. Geld kann sogar demotivieren.
3. Echte Motivation kommt von innen.
4. Profit ist Mittel zum Zweck und kann nicht die Daseinsberechtigung eines Unternehmens begründen.
5. Werte sind der Schlüssel zur Unternehmenskultur.

Eigene Werte im Unternehmen herausarbeiten 4

Die Basis einer erfolgversprechenden Positionierung für die Zukunft und damit der Schaffung von Identifikationspotenzial für die Mitarbeiter setzt eine fundierte Analyse des Status quo voraus. Ohne diese Analysephase würde eine Positionierung quasi im luftleeren Raum geschehen und sich eher an Wunschwerten orientieren und nicht an den tatsächlich vorhandenen Stärken des Unternehmens.

In der Analysephase werden alle relevanten Stakeholder des Unternehmens befragt. Das geschieht in Form von Tiefeninterviews, Workshops und Gruppendiskussionen. Ziel der Analyse ist es, die Essenz der Kultur bzw. der Identität des Unternehmens aufzudecken. Hierbei sind insbesondere die Erfolgsmomente im Unternehmen interessant und wie das Unternehmen bzw. konkret die Mitarbeiter im Unternehmen Veränderungsprozesse und kritische Momente erfolgreich gemeistert haben. Neben dem Selbstbild wird aber auch das Fremdbild abgefragt.

Mehrere tiefenpsychologische Analyseverfahren können eingesetzt werden. Die am häufigsten genutzte Methode ist das Tiefeninterview. Beim Tiefeninterview ist das Themengebiet grob vorgegeben. Der Verlauf des Gesprächs ergibt sich recht spontan und wird recht offen gehalten, da auch abschweifende Antworten des Befragten wichtige Erkenntnisse liefern können. Befragungstechniken wie Spiegeln, assoziative Verfahren oder die Laddering-Technik ermöglichen es dem Interviewer gezielt Emotionen des Befragten aufzudecken. Das Laddering-Verfahren läuft in vier Schritten ab: Als erstes werden die wichtigsten Eigenschaften des Unternehmens qualitativ erfasst und als Datengrundlage für die folgenden Laddering-Interviews aufbereitet. Im Prinzip wird der Proband dabei immer wieder nach den mit den Unternehmenseigenschaften verbundenen Einstellungen befragt, solange bis keine tiefere Antwortebene mehr erreicht werden kann. Ziel ist hierbei, so weit wie möglich in die Gedankenstruktur der Befragten vorzudringen und verdeckte Motive und Einstellungen offenzulegen.

S. Abbate, *Unternehmenskultur fördern*, essentials, 9
DOI 10.1007/978-3-658-06068-8_4, © Springer Fachmedien Wiesbaden 2014

Der spezielle Vorteil von Tiefeninterviews ist der unmittelbare Zugang zu den Sichtweisen und dem Erleben des Befragten bezüglich der Unternehmenskultur. Wichtig ist hierbei der größere zeitliche Rahmen, der Voraussetzung für ein gewisses Vertrauensverhältnis von Interviewer und Befragten ist. In Gruppeninterviews ist diese Art des Erkenntnisgewinns so nicht möglich. Dafür bieten sie aber die Möglichkeit Emotionen und Meinungen durch die soziale Interaktion der Teilnehmer hervorzubringen, wobei die entstehende Gruppendynamik selbst methodischer Ausgangspunkt des Interviews wird.

Um später die Identität definieren zu können, ist es wichtig, die Wahrnehmung aus unterschiedlichen Perspektiven zu erfassen. Dabei werden Stakeholdern (z. B. Mitarbeiter, Kunden, Lieferanten) Fragen zu unterschiedlichen Bereichen wie Unternehmen, Kunden, Kommunikation, Positionierung, oder Visionen gestellt, die dazu anregen, das Unternehmen auch von ungewöhnlich erscheinenden Standpunkten aus zu betrachten.

Um den Befragungsteilnehmer dazu zu veranlassen, sein normales Interaktionsschema zu verlassen und neue Perspektiven zu gewinnen, eignen sich zirkuläre Fragen. Dabei wird nach den Kreisläufen der Beziehungen gefragt. Es lassen sich grundsätzlich drei Arten von zirkulären Fragen unterscheiden: Unterscheidungsfragen (z. B. Vorher/Nachher, Rangfolgen), Wahrnehmungsfragen (Erfolgskriterien, Verschlimmerungen) und Möglichkeitsfragen (Wunderfrage, Perspektiven).

Ergebnis solcher Befragungen sind zunächst einmal recht große Datenmengen, die auszuwerten und vor allem zu verdichten sind. Das klingt im Grunde fast einfach, ist aber bei jedem Unternehmen ein ganz individueller Prozess. Letztendlich müssen die verdichteten Werte authentisch und für die Stakeholder relevant und konkret sein.

Im nächsten Schritt erfolgt die Positionierung. Bei der Positionierung ist es entscheidend, dass im Wertespektrum alle relevanten Stakeholder integriert werden. Bei der Entwicklung von Kernkompetenzen, Tätigkeitsfeldern und Leistungsportfolios muss ein Werte-Match zustande kommen. Nur wenn die Leistung eines Unternehmens auch den eigenen Werten entspricht, ist Authentizität gewährleistet und nur so kann die Unternehmens- oder Arbeitgeberpositionierung auch als sinnstiftend wahrgenommen werden.

Ziel der Positionierung ist die Alleinstellung des Unternehmens. Alleinstellung erreicht man nicht durch ein bestimmtes Produkt, besondere Qualität oder exklusiven Kundenservice. Jedes Produkt ist im Grund imitierbar. Eine Haltung, eigene Werte und der ganz persönliche Antrieb, ein Unternehmen zu führen und eine Leistung zu erbringen, kann man nicht kopieren.

Neben der Festlegung von IST-Werten ist auch die Definition einer SOLL-Positionierung wichtig, schließlich wollen Sie wissen, wo Ihr Unternehmen etwa in fünf Jahren stehen soll. Hierzu eignen sich diverse, teils aus dem Change Management kommende, Methoden. Um zu vermeiden, dass man mit solchen Methoden nicht weiterkommt, sollte man sie immer auf die Anwendbarkeit in der jeweiligen Situation überprüfen. Nicht jede Methode passt zu jedem Unternehmen oder zu jeder Kultur. Darüber hinaus sollte die Positionierung nicht lehrbuchhaft ablaufen, eine allzu schematische Abarbeitung kann eher einengend wirken, als dass sie zu brauchbaren Ergebnissen führt. Es sollte also gelten: Nicht die Methode als solche steht im Vordergrund, sondern das Ziel.

Dennoch möchte ich an dieser Stelle drei Methoden vorstellen, die im Rahmen eines Workshops zur Soll-Positionierung der Unternehmens, angewendet werden können.

1. Retropolation: Durch Retropolation setzen sich die Workshop-Teilnehmer mit sinnvollen strategischen Optionen auseinander. Es handelt sich hierbei um einen Blick auf die Gegenwart aus der Sicht der Zukunft. So beschreiben die Teilnehmer, wie ihr Unternehmen in fünf oder zehn Jahren sein wird und welche Faktoren und Maßnahmen dazu geführt haben, dass das Unternehmen in dieser fiktiven Zukunft so da steht, wie sie es sich vorstellen. Es handelt sich hierbei quasi um einen Rückblick auf den Weg, den das Unternehmen in den letzten fünf bis zehn Jahren gegangen ist. Jeder Workshop-Teilnehmer bringt mit seinem Rückblick weitere Perspektiven und Anregungen für die anderen Teilnehmer ein, sodass man sich während der Übung einer möglichen Erfolgsstrategie zur Wunsch-Positionierung des Unternehmens annähert.

2. Ziel-Beurteilung: Die Ziel-Beurteilung bzw. das Ziel-Assessment hat zur Aufgabe Unternehmensziele transparent zu machen, um zu verhindern, dass unterschiedliche nicht geklärte Zielvorstellungen im Team vorhanden sind. Häufig können in der Unternehmenspraxis Ziele nicht klar ausformuliert werden und es besteht keine allgemeine Zielvorstellung, sondern wenn überhaupt unausgesprochener Konsens. In der Ziel-Beurteilung werden Ziele nicht einfach in Worten ausgedrückt, sondern in Zielparametern inklusive ihrer Gewichtung, Priorisierung, dem bereits erreichen Grad der Erfüllung und den Abhängigkeiten, in denen die Zielparameter stehen. In einem Wirknetz werden die Ziele zueinander in Relation gesetzt, sodass etwa drei bis sechs relevante Ziele herausgefiltert werden können. Erst wenn ausdrücklich Klarheit über die Ziele besteht und kein Raum mehr für unausgesprochene Interpretationen vorhanden ist, kann die Soll-Positionierung des Unternehmens in Angriff genommen werden.

3. Paradoxe Intervention: Bei der Paradoxen Intervention sollen die Workshop-Teilnehmer statt des gewünschten Zustandes des Unternehmens genau das Gegenteil erarbeiten: nämlich wie sie den ungewünschten Status quo aufrecht erhalten können. Die Frage, die sie also zu beantworten haben ist: Was müssen wir tun, damit alles in Zukunft genau so bleibt, wie es jetzt ist? Das kann man noch steigern, indem man fragt, was zu tun wäre, um den Zustand des Unternehmens noch zu verschlechtern. Dieser Gedanke kommt aus der Systemtheorie. Wenn störende oder nicht eigentlich zum gewünschten Ziel führende Verhaltensweisen klar identifiziert wurden, können Störungen thematisiert werden, ohne dass einzelne Personen angegriffen werden. Dabei wird spielerisch ein Lernprozess gefördert und die einzelnen Teilnehmer werden sich ihrer Rolle in Bezug auf das Unternehmen bewusst. Sie trainieren die Fähigkeit, ihr eigenes Verhalten und das der anderen differenzierter wahrzunehmen und zu reflektieren.

Was Ihre Mitarbeiter benötigen, um wirklich gute Arbeit leisten zu können, ist einfach ein Grund dafür, gute Arbeit zu leisten. Sie müssen das Gefühl haben, mit ihrer Tätigkeit etwas zu bewirken und dafür wertgeschätzt zu werden. Das muss nicht zwangsläufig die Schaffung des Weltfriedens oder die Beseitigung des Hungers auf der Welt sein – auch wenn das die wohl nobelsten Ziele sind, die ein Unternehmen haben kann. Die Tätigkeit Ihrer Mitarbeiter muss Sinn ergeben und etwas im Leben anderer verbessern. Wenn Sie nun das x-te Me-too-Produkt anbieten oder Waffenfabrikant sind, wird das aufrichtig gestanden, schwer. Ansonsten gibt es aber eigentlich immer etwas, das ein Unternehmen fernab von rein wirtschaftlichen Interessen zum Handeln antreibt. Gehen Sie dem auf den Grund. Stellen Sie sich die Frage, was die Hauptmotivation für Ihr Geschäft ist. Warum haben Sie Ihr Unternehmen gegründet? Warum bieten Sie gerade diese eine Leistung an und nicht etwas anderes? Was bewegen Sie in der Welt? Wessen Leben oder Arbeiten verbessern oder vereinfachen Sie und wie machen Sie das? Kurz: Was würde der Welt fehlen, wenn es Ihr Unternehmen morgen nicht mehr gäbe?

Damit Sie für Ihre Mitarbeiter, aber auch für Ihre Kunden spürbarer werden können, brauchen Sie Rückgrat. Sie müssen Stellung beziehen. Eine eindeutige Positionierung und Haltung machen Ihr Unternehmen greifbarer als Werbung oder die obligatorische, aber vielleicht herzlose Ansprache zur Weihnachtsfeier. Diese Haltung muss auch nicht jedem gefallen. Es geht nicht darum, „everybody's darling" zu sein, sondern Bindung aufzubauen. Und zwar durch geteilte Werte. Also Werte, die im Unternehmen vorhanden sind und die gleiche Relevanz für Führung und Mitarbeiter haben.

In Kürze
1. Erfolgversprechende Positionierungen setzen fundierte Analysen voraus.
2. Beziehen Sie alle relevanten Stakeholder mit ein.
3. Definieren Sie neben IST-Werten auch SOLL-Werte.
4. Mitarbeiter benötigen das Gefühl, mit ihrer Arbeit etwas zu bewirken.

Die Mitarbeiter ernst nehmen 5

Ihre Mitarbeiter sind erwachsene Menschen. Sie wurden eingestellt, weil Sie ihnen etwas zutrauen. Dann sollten Sie ihnen auch vertrauen. Es heißt, der Fisch stinke immer vom Kopf her. Die Führung ist maßgeblich für das Klima und die Kultur innerhalb eines Unternehmens verantwortlich. Wenn Sie Ihren Mitarbeitern nicht vertrauen, bauen Sie ein Klima des Misstrauens auf, das auch auf Kunden und Lieferanten Auswirkungen haben kann. Wenn Sie Ihre Mitarbeiter wie unmündige Kinder behandeln, werden sie sich im schlimmsten Fall genauso verhalten.

Seien Sie deshalb vorsichtig mit Verboten. Es kann beispielsweise nicht angehen, dass ein Unternehmen seine Social Media-Aktivitäten voranbringen möchte, es aber den Mitarbeitern verboten ist, während der Arbeitszeit bei Facebook vorbeizuschauen. Sie sollten sich von dem Gedanken trennen, dass Menschen in den acht Stunden, die sie im Büro verbringen auch tatsächlich acht Stunden am Stück produktiv arbeiten. Das funktioniert nicht. Machen Sie nicht den Fehler, Mitarbeiter nach geleisteten Stunden zu beurteilen, sondern nach den Ergebnissen ihrer Arbeit. Wann diese Ergebnisse erzielt wurden, ist doch sekundär. Hier geht wie in vielen Bereichen Qualität vor Quantität. Niemand hat etwas davon, wenn Mitarbeiter am laufenden Band Überstunden machen, jedoch die Ergebnisse ihrer Arbeit nicht dem entsprechen, wie Sie sich das vorstellen. Außerdem erhöht sich so die Gefahr des Ausbrennens ihrer Mitarbeiter.

Wenn Sie an Ihrer Unternehmenskultur arbeiten wollen, beziehen Sie Ihre Mitarbeiter aktiv mit ein und vertrauen Sie ihnen. Schaffen Sie ein Klima des gegenseitigen Vertrauens. Das ist leichter gesagt als getan. Also schauen wir uns einmal an wie Vertrauen entsteht.

Zwischenmenschliche Beziehungen entstehen mit Vertrauensvorschüssen. Menschliches Zusammenleben und damit auch Zusammenarbeiten beruht auf einem Grundvertrauen auf die grundsätzlich wohlwollende Haltung unserer Mitmenschen. Dieses natürliche Vertrauen ist natürlich nicht unbegrenzt, aber es wächst mit den positiven Erfahrungen, die wir mit einem Menschen machen. Ein

S. Abbate, *Unternehmenskultur fördern*, essentials, 15
DOI 10.1007/978-3-658-06068-8_5, © Springer Fachmedien Wiesbaden 2014

Mensch wird außerdem umso vertrauenswürdiger je „lesbarer" er für uns ist. Für Sie als Führungskraft heißt das, je selbstähnlicher Sie im unternehmerischen Alltag handeln, desto mehr wissen Ihre Mitarbeiter „woran sie sind", wenn sie mit Ihnen zu tun haben. Seien Sie authentisch und scheuen Sie sich nicht davor, auch unangenehme Themen anzugehen.

Ganz wichtig: Etablieren Sie eine Feedback-Kultur. Hier besteht bei Unternehmen in Deutschland generell Nachholbedarf, warum also nicht Vorreiter sein?

Konstruktives Feedback ist nicht einfach nur Kritik oder Lob, sondern eine gezielte Rückmeldung zum wahrgenommenen Verhalten eines Mitarbeiters oder auch des Vorgesetzten. Ziel sollte hierbei sein, die Selbstwahrnehmung des Empfängers zu erweitern. Offener und ehrlicher Umgang miteinander fördert das Ausloten von Selbst- und Fremdbild und hilft Missverständnisse zu vermeiden und die Kommunikation zu verbessern. Als Teil der Unternehmenskultur ermöglicht eine ganzheitliche Weiterentwicklung Ihres Teams und fördert eine Kultur des Lernens. Sie unterstützt das Gefühl der Mitarbeiter, wahrgenommen und wertgeschätzt zu werden. Gerade wenn es darum geht, Werte im Unternehmen zu verankern, ist Feedback unabdingbar, denn Veränderungen im Ganzen werden nur durch Veränderungen beim Einzelnen erreicht.

Einige Regeln für das Feedback:

1. Das Feedback sollte vom Empfänger erbeten sein.
2. Beschreiben Sie anhand Ihrer Wahrnehmung. Nicht werten.
3. Konkretisieren Sie Ihr Feedback an Situationen und erklären Sie, was das Verhalten Ihres Gegenübers bei Ihnen in der jeweiligen Situation ausgelöst hat.
4. Geben Sie Feedback, das dem Empfänger auch hilft, sein Verhalten in der jeweiligen Situation besser verstehen/ reflektieren zu können.
5. Geben Sie das Feedback so zeitnah wie möglich zu der anzusprechenden Situation.

> **In Kürze**
> 1. Wenn Sie Ihren Mitarbeitern nicht vertrauen, warum sollte Ihr Kunde es dann tun?
> 2. Arbeit sollte nach Leistungen und nicht nach Anwesenheit beurteilt werden.
> 3. Feedback ist mehr als Kritik und Lob.

Authentisch Werte vorleben 6

In Deutschland wissen laut einer Studie des Beratungsunternehmens Rochus Mummert nur 50 % der Mitarbeiter, dass ihr Unternehmen überhaupt bestimmte Werte hat, nach denen es sich orientiert. Was aber nicht heißt, dass solche Werte nicht definiert sind, denn die meisten Unternehmen, aus denen Mitarbeiter befragt wurden, haben Leitbilder und Visionen formuliert. Nur ist die Erkenntnis beim deutschen Topmanagement scheinbar noch nicht ganz angekommen, dass Werte nicht die schön formulierten Texte auf der Unternehmens-Homepage sind, sondern nur spürbar werden, wenn sie im Unternehmen gelebt werden. Und das geht nur, wenn die Führung sie vorlebt. Werte sind der Grundstein für gemeinsames Handeln.

Alle Versuche, Werte in den Köpfen der Mitarbeiter zu verankern, sind zum Scheitern verurteilt, wenn das Top-Management nicht in den Prozess involviert ist und wertorientiertes Verhalten vorlebt. Die Führungskräfte eines Unternehmens geben die Inhalte und Werte der eigenen Haltung durch das eigene Verhalten an ihre Mitarbeiter weiter.

Hierzu müssen sie die Werte jedoch so verinnerlicht haben, dass sie mit Überzeugung als Wertebotschafter.

fungieren können. Das bedeutet, die Positionierung beginnt auf der Substanzebene eines Unternehmens. Erst nach Bewusstmachung der Identität kann die Implementierung im Unternehmen und eine Kommunikationsstrategie angegangen werden. Um Werte nachhaltig in Unternehmen zu verankern, ist.

jedoch mehr nötig als wertekonform handelnde Führungskräfte. Die Mitarbeiter müssen stolz auf ihren Arbeitgeber sein und gerne dort arbeiten. Betrachtet man die Ergebnisse der Gallup-Studie aus dem Jahr 2012, sieht man wie hoch das Entwicklungspotenzial in diesem Bereich in Deutschland noch ist: nur 15 % der deutschen Arbeitnehmer weisen eine hohe emotionale Bindung zu ihrem Arbeitgeber auf. Es gibt mittlerweile einen großen Fundus an Werkzeugen, um Werte zu implementieren.

S. Abbate, *Unternehmenskultur fördern*, essentials,
DOI 10.1007/978-3-658-06068-8_6, © Springer Fachmedien Wiesbaden 2014

Unabhängig davon, welche Instrumente gewählt werden, sollte Klarheit darüber bestehen, dass interne Verankerung ein kontinuierlicher Prozess ist und keine einmalige Sache. Außerdem sollte im Einzelfall geprüft werden, welche Werkzeuge sich zur Implementierung eignen. Ein Vorgehen nach Lehrbuch empfiehlt sich selten. Um werteorientiertes Verhalten der Mitarbeiter überhaupt zu ermöglichen, muss zunächst Wertewissen aufgebaut, das Commitment gestärkt und werteorientiertes Verhalten aufgezeigt werden.

In Kürze
1. Werte werden nur spürbar, wenn sie gelebt werden.
2. Positionierung beginnt auf der Substanzebene eines Unternehmens.

Werkzeuge zur Werteverankerung 7

Sollen Werte nachhaltig intern verankert werden, ist es nicht nur nötig, dass die Mitarbeiter die Unternehmenswerte kennen und verstehen, sondern zu Interpreten und Trägern der Unternehmensbotschaft werden. Im ersten Schritt werden ein Implementierungs-Team gebildet und die Teilprojekte definiert.

Für die Ideenentwicklung in den einzelnen Teilprojekten sind Spezialisten für interne Verankerung zuständig.

Interne Verankerung umschreibt Maßnahmen, die den Mitarbeitern veranschaulichen, wie sie in ihrem Arbeitsalltag werteorientiert handeln können. Mitglieder des Implementierungs-Teams übernehmen die Leitung von ein bis zwei Teilprojekten, für die jeweils ein Business-Team aus fünf bis zehn Managern zusammengestellt wird. Im zweiten Schritt werden Workshops in den jeweiligen Bereichen des Managements in Zusammenarbeit mit dem Implementierungs-Team umgesetzt.

Äußerst wirkungsvoll ist Storytelling als Verankerungswerkszeug. Geschichten werden in allen Kulturen dazu genutzt, Werte zu vermitteln und über Generationen weiterzugeben. Sie sind eine der ältesten Kulturtechniken überhaupt. Geschichten stiften Identität.

Die Wirkungskraft der Geschichten lässt sich auch auf Unternehmen übertragen. Denn jeder Mensch hört gerne Geschichten und wird aufmerksam, um deren Einzelheiten aufnehmen zu können. In Geschichten wurden schon so manche Mythen über die Gründungszeit von Unternehmen geschaffen. Herausragendes Beispiel ist hier etwa Apple, das angeblich von Steve Jobs und seinem Partner in der Garage von Jobs Eltern gegründet wurde. In Unternehmen können Wissen, aber auch werteorientiertes Handeln durch Geschichten vermittelt werden. So wie gesamtgesellschaftlich gesehen, die Kultur unserer Erzählungsschatz beeinflusst, prägen Unternehmenskultur und im Unternehmen erzählte Geschichten sich gegenseitig.

S. Abbate, *Unternehmenskultur fördern,* essentials,
DOI 10.1007/978-3-658-06068-8_7, © Springer Fachmedien Wiesbaden 2014 19

Eine Möglichkeit, das Storytelling, also das Erzählen von Geschichten, strategisch zu nutzen, ist die Methode der Story Construction. Hierbei werden wahre und erfundene Geschichten im Unternehmen in Umlauf gebracht, die einen positiven Wandel der Unternehmenskultur bewirken sollen. Lassen Sie Ihre Mitarbeiter sich gegenseitig Geschichten erzählen. Fragen Sie gezielt nach Geschichten aus der Unternehmensvergangenheit, in denen dem Mitarbeiter etwas besonders gut gelungen ist und warum dies so war. Indem sich die Mitarbeiter ihre Erfolgsstorys erzählen, decken Sie die Erfolgsmuster Ihres Unternehmens auf. Diese können Sie mit den definierten Werten abgleichen. Haben Sie beispielsweise den Wert menschlich herausgearbeitet, dann fragen Sie gezielt nach Geschichten, in denen die Mitarbeiter eine Situation besonders gut gemeistert haben, weil sie sich in diesem Moment sehr menschlich verhalten haben. So machen Sie die Unternehmenswerte für Ihre Mitarbeiter greif- und anwendbar.

Die meisten Geschichten müssen Sie gar nicht erst erfinden. Sie sind bereits im Unternehmen vorhanden. Es sind häufig die Erfolgsmomente oder Momente, die ein besonderes „Wir-Gefühl" hervorgerufen haben. Genau diese Geschichten gilt es gezielt zu verdichten, auf die für Ihr Unternehmen relevanten Werte auszurichten und zu verbreiten. Über die Wertevermittlung durch Geschichten erreichen Sie nicht nur das Hirn Ihrer Mitarbeiter, sondern ihr Herz. Sie gießen Werte in eine anwendbare Form.

In Kürze
1. Machen Sie Mitarbeiter zu Unternehmensbotschaftern.
2. Geschichten werden dazu genutzt, Werte zu vermitteln.

Mit Widerständen umgehen

Über das Thema Change Management gibt es mittlerweile eine Masse an Fachliteratur. Daher möchte ich auch nur kurz darauf eingehen, wie man mit Widerständen im Positionierungs- bzw. Implementierungsprozess umgehen kann.

Zunächst einmal bedeuten Widerstände an sich nichts Negatives. Ein Positionierungsprozess ist immer auch ein Veränderungsprozess und Menschen haben oftmals Angst vor Veränderung. Das Neue, vielleicht Fremde wirkt bedrohlich. Spüren Sie Widerstände bei der Verankerung von Werten im Unternehmen, heißt das in erster Linie, dass sich Ihre Mitarbeiter mit der neuen Situation und den Veränderungen, die sie mit sich bringt, beschäftigen. Also sollten Sie nicht nur fest mit Widerstand rechnen, sondern gar ein Stück weit darauf hoffen. Problematisch wird Widerstand erst, wenn Führungskräfte zu wenig oder mit der falschen Grundhaltung kommunizieren. Es ist wichtig, in den Dialog mit den Mitarbeitern zu gehen. Der Leadership-Experte Alexander Groth definiert den Begriff Change Leadership als „Fähigkeit, den Umgang mit vorhersehbaren kollektiven Emotionen zu planen und konstruktiv mit nicht vorhersehbaren individuellen Emotionen der Mitarbeiter und dem Verhalten umzugehen, das durch diese Emotionen ausgelöst wird" (Groth 2011).

Wie zeigt sich Widerstand bei den Mitarbeitern?

- Es geht nichts voran.
- Es wird vermeintlich nichts verstanden.
- Es wird nichts gesagt.
- Es wird von vornherein kritisiert.
- Es wird sabotiert.

Ein Grund für Widerstand ist, dass Ihre Mitarbeiter umlernen und ihre Komfortzone verlassen müssen. Das bedeutet erst einmal ein Gefühl der Unsicherheit. Der Ausspruch: „Das haben wir immer schon so gemacht" beschreibt, welche Stufe der

S. Abbate, *Unternehmenskultur fördern*, essentials,   21
DOI 10.1007/978-3-658-06068-8_8, © Springer Fachmedien Wiesbaden 2014

Kompetenz Ihre Mitarbeiter bereits erreicht haben. Albert Bandura entwickelte ein Modell, das die Aneignung von Fähigkeiten und Eigenschaften in einem vierstufigen Prozess beschreibt:

1. unbewusste Inkompetenz
2. bewusste Inkompetenz
3. bewusste Kompetenz
4. unbewusste Kompetenz

Bei der bewussten Kompetenz ist es wie beim Autofahren nach mehreren Jahren. Während man als Fahranfänger noch jede Tätigkeit bewusst und mit Bedacht ausführen musste, sind Schalten, Gas geben und Bremsen nach Jahren zu automatisierten Handlungen geworden, über die man nicht mehr nachdenkt. Ähnlich ist es mit Handlungen, die Mitarbeiter über Jahre in einem Unternehmen nach einem ganz bestimmten Schema ausführen. Leider gibt es eine Reihe Reaktionen, die hier absolut nicht weiterhelfen, aber bei Führungskräften nicht selten sind. Zum Beispiel der Versuch Widerstände durch den Einsatz von Macht zu brechen, allein an den Verstand der Mitarbeiter zu appellieren, Manipulation, Ignorieren oder Nachgeben. Durch solche Reaktionen bewirkt man nur eins: Noch mehr Widerstand.

Wie aber geht man nun richtig mit Widerstand um? Zunächst einmal sollten Sie zuhören – aktiv zuhören. Wo liegen die Bedenken und Ängste wirklich? Spiegeln Sie Ihren Mitarbeiter, fragen Sie nach. Führen Sie lösungsorientierte Gespräche. Machen Sie sich selbst klar, dass der Widerstand eigentlich nicht unmittelbar mit der Veränderung, also der Verankerung der Werte, zu tun hat, sondern mit Vorerfahrungen und damit, dass uns Vertrautes immer als besser und sicherer erscheint. Sorgen Sie daher für kurzfristige und sichtbare Erfolge und binden Sie Ihre Mitarbeiter wo immer möglich mit ein.

In Kürze
1. Menschen haben Angst vor Veränderungen.
2. Widerstand ist der Regelfall.
3. Widerstand wird problematisch, wenn Führungskräfte mit der falschen Grundhaltung kommunizieren.
4. Hören Sie aktiv zu und spiegeln Sie Ihre Mitarbeiter.

Zum Schluss

Natürlich kann Ihnen ein Buch in diesem Umfang keine Anleitung an die Hand geben, mit der Sie die Kultur in Ihrem Unternehmen zum Positiven beeinflussen. Ein Vorgehen nach Lehrbuch ist ohnehin nicht empfehlenswert, denn dazu ist das Thema Unternehmenskultur zu vielschichtig und dafür unterscheiden sich Unternehmen zu sehr. Dieses Buch soll daher vielmehr Impulse geben, die Unternehmer und Führungskräfte dazu anregen, sich eingehender mit der Thematik auseinanderzusetzen und zum Förderer einer positiven und dynamischen Unternehmenskultur zu werden.

S. Abbate, *Unternehmenskultur fördern*, essentials,
DOI 10.1007/978-3-658-06068-8_9, © Springer Fachmedien Wiesbaden 2014

Was Sie aus diesem Essential mitnehmen können

- Werden Sie langfristig erfolgreicher durch eine positive Unternehmenskultur und bewusst gemachte Werte
- Erzielen Sie höheres Mitarbeitercommitment durch Sinnstiftung

S. Abbate, *Unternehmenskultur fördern*, essentials,
DOI 10.1007/978-3-658-06068-8, © Springer Fachmedien Wiesbaden 2014

Literatur

Abbate, S. (2014). *Marken als Sinnstifter. Identitätsbasierte Markenführung als Antwort auf den Wandel.* Wiesbaden: Springer Gabler.

Groth, A. (2011). *Führungsstark im Wandel.* Frankfurt a. M.: Campus.

Grubendorfer, C. (2012). *Leadership Branding. Wie Sie Führung wirksam und Ihr Unternehmen zu einer starken Marke machen.* Wiesbaden: Springer Gaber.

Parment, A. (2013). *Die Generation Y. Mitarbeiter der Zukunft motivieren, integrieren, führen.* Wiesbaden: Springer Gabler.

Schein, E. H. (2003). *Organisationskultur. The Ed Schein Corporate Culture Survival Guide.* Bergisch Gladbach: EHP – Edition Humanistische Psychologie.

S. Abbate, *Unternehmenskultur fördern*, essentials,
DOI 10.1007/978-3-658-06068-8, © Springer Fachmedien Wiesbaden 2014